NOTICE

SUR

IRA ALDRIDGE

LE TRAGÉDIEN NÈGRE

PARIS

AGENCE KUSCHNICK, 155, RUE MONTMARTRE

DÉPARTEMENTS

Chez tous les libraires

—

1866

Paris — Imprimerie VALLÉE, 15, rue Breda.

NOTICE

IRA ALDRIDGE

LE TRAGÉDIEN NÈGRE

Cet artiste, très-populaire sous le nom du « Roscius Africain » est, croyons-nous, le seul nègre, qui ait embrassé la carrière théâtrale.

Ses ancêtres étaient princes de la tribu des Pulahs. Leurs Etats comprenaient, sur la côte occidentale de l'Afrique, toute la partie du Sénégal baignée par la rivière de ce nom.

Le grand-père d'Ira semble avoir dépassé de beaucoup le niveau intellectuel de ses sujets, si l'on en juge par l'ensemble de ses actes.

Ainsi, notamment, il tenta de substituer l'échange des prisonniers de guerre à la coutume barbare de les vendre comme esclaves. C'était, certes, une généreuse pensée; par malheur, elle contrariait les intérêts privés de certains chefs en sous-ordre qui, loin de s'y associer, soulevèrent une insurrection. Le prince, sa famille, sa suite et ses partisans furent impitoyablement égorgés.

Seul, un de ses fils, tout jeune alors, put échapper à ce massacre.

Un missionnaire qui s'était aventuré dans cette rude et inhospitalière tribu, prit l'enfant avec lui, et l'emmena en Amérique, où il lui fit faire de solides études religieuses. Devenu par la suite ministre protestant, l'orphelin s'acquit peu à peu une très-grande réputation d'intelligence et de savoir. C'est alors que, tourmenté du double désir de reconquérir la souveraineté de ses pères et de propager l'Évangile parmi ses compatriotes, il partit pour le Sénégal, accompagné d'une jeune femme de sa race, qu'il avait épousée dans le Nouveau-Monde.

Son retour chez les Pulahs fut le signal d'une nouvelle guerre civile. Mais bientôt, ses partisans vaincus durent abandonner une cause désormais désespérée, et le prétendant n'eut plus qu'à fuir encore pour sauver du moins sa tête. A cette époque, sa femme lui donna un fils : Ira Adridge, le héros de cette notice.

Ira, jusqu'à neuf ans, passa caché, comme sa famille, dans le voisinage d'ennemis implacables, une vie de fatigues, d'angoisses et de privations de toutes sortes.

Ce temps d'épreuves accompli, les fugitifs trouvèrent enfin le moyen de retourner en Amérique où le père reprit ses saintes fonctions pour ne plus les quitter. Il mourut à New-York le 27 novembre 1849, emportant avec lui les regrets de tous ses frères de couleur.

Le ministre avait, comme on le pense, voué son fils à l'Église. Ce vœu ne devait pas se réaliser.

Un soir, en effet, Ira pénètre pour la première fois dans un théâtre. Tout ce qu'il voit l'éblouit ; tout ce qu'il entend le fascine. Si bien que le spectacle achevé, le jeune spectateur, cédant au cri de sa vocation, avait pris l'irrévocable parti de fonder sur la scène l'avenir de sa fortune et de sa renommée.

Dès lors, il se met à l'étude, travaille sans relâche, et débute peu après dans *Rolla de Pizarro*, sur un théâtre particulier dont tous les acteurs, noirs comme lui, portaient, selon l'éloquente expression de Shakespeare,

La livrée pleine d'ombre du soleil plein de flammes.

Cette première tentative réussit à merveille, et le jeune Aldrige sentit, aux ardeurs du succès, grandir ses aspirations plus impérieuses et plus fières.

A la suite de ce triomphe, il obtint ses entrées dans

les coulisses du Chatam-Theatre, à New-York. Dès ce moment, il consacre toutes ses soirées à poursuivre, jusque dans le jeu de ces artistes mêmes qu'il s'est juré de surpasser un jour, le secret d'un art dont les difficultés l'exaltent, dont les enivrements le passionnent.

Un brusque incident vient tout à coup interrompre ces plaisirs de chaque soir : — l'influence des évêques Brenton et Milner lui a fait ouvrir les portes du collége Schenectady, sorte de séminaire protestant près de New-York ! — Donc, plus de travaux dramatiques : c'est de héologie qu'il s'agit maintenant ; dure antithèse !

Ira demeure à Schenectady quelque temps, puis on l'envoie, nous ne savons par quel hasard, en Écosse ; il entre à l'Université de Glascow, dans la classe du professeur Sandfort. On raconte même qu'il y obtient plusieurs prix, notamment la médaille de dissertation latine.

Dix-huit mois se passent; l'étudiant abandonne ses études, quitte l'Université et se rend à Londres. Dans quel dessein? on le devine. Mais que d'obstacles pour obtenir un début! A force de constance et de démarches, Ira vainc toutes les difficultés et remporte dans Othello, à l'ancien « Royalty Theatre, » un succès d'enthousiasme à la suite duquel on l'engage à Cobourg. Sur cette dernière scène — qui, dans ce temps-là, affi chait des prétentions plus élevées qu'aujourd'hui — il crée, au milieu d'applaudissements sans nombre, Oroonoko, Gambia, Zarambo, etc.

Ici se place une petite anecdote intime que nous nous garderons bien de passer sous silence, car elle ajoute un piquant chapitre à cette série d'aventures romanesques dont les Aldridge ont été les héros.

Un soir qu'Ira venait de jouer le rôle de Gambia dans la pièce intitulée *l'Esclave*, un de ses amis l'invite à passer dans une loge où quelques spectateurs, émerveillés de son talent, désirent le féliciter. Or parmi ces personnes se trouvait une jeune fille qui sembla tout d'abord témoigner au visiteur quelque chose de plus qu'un simple sentiment d'admiration pour l'acteur noir « isolé sur la terre étrangère ». Elle avait, en effet, comme Desdémone, « oublié les traits d'Othello pour ne voir que son âme », et quelques semaines après cette entrevue toute fortuite l'artiste, déjà célèbre, épousait l'enthousiaste spectatrice.

Édouard Kean se trouvait alors à Dublin; frappé d'admiration devant le talent de son noir confrère, il lui donna, pour Bath-Theatre, une lettre de recommandation conçue dans les termes les plus flatteurs.

Kean voulut même, à Belfast, jouer Iago, et plus tard Aborn, aux côtés d'Ira.

Les lettres de félicitations qu'Ira Aldridge reçut alors de toutes parts formeraient, réunies, un énorme volume. Parmi ceux qui l'encourageaient le plus chaudement figure un nom célèbre dans la littérature dramatique : Sheridan Knowles.

A cette époque, on fit courir le bruit de sa mort ; toutes les feuilles publiques donnèrent, sur ce fait, les plus pathétiques détails :

« Après avoir passé la journée chez le colonel Powel, Ira revenait à Dublin en voiture. Tout à coup, à un demi-mille environ de Llandillo, un des chevaux, effrayé par les lueurs d'un forge en travail, prend le mors aux dents... Un précipice se trouve là, juste à point... La voiture verse et roule dans l'abîme, emportant avec elle le comédien, l'attelage et le postillon !!! Seul, le valet de pied avait été miraculeusement sauvé. Il venait en effet de sauter à terre, pour se jeter à la tête des chevaux, quelques secondes avant que la voiture fût entraînée ! »

La narration, très-minutieusement circonstanciée — et qui, pour cette raison, obtint un grand crédit, — concluait en annonçant que M. Aldridge, son postillon et ses chevaux avaient été tués sur le coup; quant à la voiture, il va sans dire qu'elle était en mille pièces.

Cette histoire, lancée par une plume malveillante, n'eut pas le résultat qu'on en avait espéré. — Dès que le public se reconnut mystifié, il accourut plus nombreux et plus sympathique que jamais aux représentations du prétendu défunt.

Nous ne pouvons suivre pas à pas Ira Aldrige à travers tous les engagements par lui contractés ; il nous suffira d'en rapporter rapidement deux ou trois encore.

C'est ainsi qu'il a joué, sous la direction de M. Laporte, Othello à Covent-Garden. Ce fut un de ses plus beaux triomphes. La salle, après l'avoir rappelé à grands cris, le salua, quand il reparut, des plus frénétiques bravos.

Après quelques soirées données ensuite à Surrey-Theatre, il fut tour à tour engagé à Sadler's Wells Theatre, puis au théâtre Olympique, puis en province : à Brigton, Chichester, Leicester, Liverpool, Manchester, Glascow, Édimbourg, etc.

A Dublin, après avoir produit dans Othello une inexprimable sensation, il dut jouer successivement tous les rôles de son répertoire.

Sur chaque scène, dans chaque ville, il reçut le plus flatteur accueil, et sa réputation sans cesse grandissant, monta jusqu'à son apogée. Les journaux, unanimes dans leurs appréciations, entonnèrent, en son honneur, un magnifique concert d'éloges.

En 1852, Ira Aldridge, s'embarquait avec une troupe anglaise pour l'Allemagne. Il y resta trois ans, obtenant partout des succès d'enthousiasme. Rien qu'à Berlin, sa part des quatre premières représentations atteignit la somme de 9,500 thalers.

On le combla d'honneurs de toutes sortes, et, pour couronner ces triomphes, le roi de Prusse lui offrit la grande médaille d'or *de première classe* des Arts et des Sciences, qui jusque-là n'avait encore été donnée, depuis sa création, qu'à trois personnages : Alexandre von Humboldt, Spontini et Liszt. En Autriche il reçut l'ordre de Léopold, et en Suisse la médaille du Mérite.

En somme, de sérieux témoignages d'approbation lui furent adressés par toutes les illustrations devant lesquelles il eut l'occasion de paraître.

Tragédien et comédien à la fois, Ira Aldridge est dans les deux genres d'une indéniable supériorité. Toutes les conditions intellectuelles et physiques de son art, il les possède.

Tragédien, son style large et puissant sait au besoin s'emporter en de formidables éclats de colère et de passion. Alors les noires ténèbres de sa face se font deux fois sombres sous le sentiment qu'il traduit. On dirait qu'une seconde nuit descend sur sa physionomie : jamais face blanche n'atteindrait à pareil degré d'expression.

Comédien, il est exhilarant — l'ébène resplendit, le charbon étincelle !

Son masque est le fidèle miroir des pensées qui l'agitent. Ainsi de même qu'il n'est pas de froncement de sourcil plus terrible que le sien, de même il n'est pas de rire plus épanoui.

En résumé, il ne manque plus à la renommée du Roscius Africain que la consécration des applaudissements français. Il vient la chercher. Nous sommes assuré qu'elle ne lui fera pas défaut.

Paris, 20 novembre 1866.

APPENDICE

Qu'on nous permette de publier ici quelques pièces authentiques, à l'appui des assertions qui précèdent.

Voici d'abord — littéralement traduites — deux lettres de la précieuse collection d'autographes dont Aldridge est possesseur :

Monsieur,

Je me trouve très-heureux d'avoir été chargé par Sa Majesté de vous faire savoir quel vif plaisir et quel haut intérêt Elle a pris à vos représentations.

En témoignage de son admiration, Sa Majesté vous a conféré la médaille d'or des Arts et des Sciences qu'elle m'a dernièrement ordonné de vous remettre. Avec quelle satisfaction je me suis acquitté de cet ordre — juste récompense de votre rare mérite, — vous avez dû l'apprécier vous-même.

Désirant que de légitimes succès suivent toujours votre talent,

Je suis avec toute considération,

Von Hulsen,
Intendant général des spectacles royaux.

Berlin, 25 janvier 1853.

Cobourg, 20 octobre 1854.

Monsieur,

Son Altesse Royale le duc de Saxe-Cobourg-Gotha, ayant appris que vous désiriez recevoir son avis au sujet de vos représentations dramatiques, me charge de vous attester, en son nom, qu'il n'a jamais vu talent plus naturel que le vôtre; tragédien plus accompli, comique plus amusant que vous. En vérité, votre réputation en Allemagne est trop bien assise et incontestée pour douter que vous obteniez les mêmes succès en Angleterre. Son Altesse Royale se plaît à croire que vous n'y aurez pas besoin d'autre recommandation que votre propre mérite.

M'acquittant moi-même de cette haute commission,

J'ai l'honneur d'être, Monsieur,
votre tout dévoué

Baron Von Golnegouh,
Secrétaire de S. A. R. le duc de Saxe-Cobourg-Gotha.

A M. Ira Aldridge.

A ces hauts témoignages nous pourrions ajouter ceux d'une multitude de journaux étrangers. Mais outre que l'espace nous manque, ces comptes rendus tournent tous dans un même cercle d'éloges dont l'expression, cent fois répétée, ne laisse pas que d'être monotone. Nous nous contenterons donc de traduire quelques simples extraits, coupés au hasard des ciseaux.

OPINION DE LA PRESSE ÉTRANGÈRE

LONDRES

Ira Aldridge a choisi pour son début *Othello*. C'était une entreprise très-hasardeuse en ce moment. Toutefois malgré l'impression que l'inimitable Kean a produit dans ce rôle, l'événement a complétement justifié l'audace du Roscius Africain.

Il a réussi à émouvoir profondément ses auditeurs, et pendant toute la représentation, un silence fiévreux régnait dans la salle : c'était presque de la terreur. A la fin, l'artiste fut rappelé par de formidables acclamations. Quand il parut, tout l'auditoire se leva en masse et l'accueillit avec des applaudissements frénétiques. On agitait les mouchoirs, les chapeaux, etc., etc.

Morning-Post, 21 mars 1848.

BERLIN

C'est vraiment un spectacle bien curieux que de voir un nègre jouer sur un théâtre, ce grand rôle d'Othello ! M. Ira Aldridge ne saurait y être surpassé. Il fait passer en vous tous les sentiments et toutes les idées de l'immortel poëte. Chaque nuance du drame ressort, littéralement traduite. Dans la vigueur de son jeu, l'artiste emporte l'auditoire stupéfait à travers toutes les terreurs de la réalité.

DANTZIC

M. Ira Aldridge est bien décidément le plus grand artiste dramatique que nous ayons jamais eu. Ses débuts remontent à peine à deux ans et déjà il a conquis toutes les sympathies du public. Les critiques de Berlin se sont complétement épuisées à louer ce lion du jour. Othello, Macbeth et Shylock le laissent sans rival dans les annales du théâtre.

VIENNE

M. Ira Aldridge est, sans contredit, le plus grand acteur qu'on ait jamais vu en Europe. Or, cette supériorité, il la doit non-seulement à sa mimique qui, toute-puissante, fascine et rive l'attention ; mais encore à sa diction dont il ménage avec un art suprême les ncroyables nuances. Bien rares sont les artistes qui possèdent dans íla déclamation la prodigieuse autorité de ce tragédien noir. Ses auditeurs le suivent, haletants, de scène en scène jusqu'à ce qu'ils arrivent au comble de l'enthousiasme.

Dans Othello, la brusque métamorphose qui fait, de l'amant ivre d'amour, le mari fou de jalousie est merveilleusement rendue. Aldridge fait vivre une à une toutes les tendresses de l'un et toutes les rages de l'autre.

Il est douteux que Shakespeare lui-même ait osé rêver pour son chef-d'œuvre une interprétation aussi magistrale, aussi véritablement parfaite.

PARIS. — IMPRIMERIE VALLÉE, 15, RUE BREDA

PARIS. — IMPRIMERIE VALLÉE, 15, RUE BREDA